영어 명언 따라쓰기

머리말

기억하고 있는 명언이 있나요?

'명언'이란 사리에 맞는 훌륭한 말이나 널리 알려진 말이에요. 누구나 명언을 말할 수 있지만, 모든 사람이 알고 있는 명언은 많지 않아요. 우리 친구들이 기억하고 있는 명언은 무엇이 있을까요? 때와 장소에 맞게 명언을 말할 수 있다면 스스로의 말에 힘을 실어줄 수 있어요.

긍정적인 말의 힘

말에는 힘이 있어요. '말이 씨가 된다.'는 속담처럼 무심코 했던 말이 실제로 이루어질 수도 있기 때문에 항상 말을 조심하라고 하지요. 대신 좋은 말, 긍정적인 말을 반복한다면 좋은 기운이 씨앗이 되어 건강한 열매를 맺게 해 줄 거예요.

〈영어 명언 따라 쓰기〉에서는

가족에 대한 사랑, 친구와의 우정, 행복과 희망, 노력이 주는 성공에 대한 명언을 모았어요. 비슷한 의미가 있는 명언과 속담을 엮으면서, 이해를 도와줄 수 있는 일러스트를 함께 담았어요. 긍정적인 명언을 읽고 따라 쓰면서 마음과 정신을 강하게 만들어 주세요.

마음에 명언 하나를 품어 보세요.

알고 있는 명언과 마음에 품은 명언은 달라요. 〈영어 명언 따라 쓰기〉와 함께 기억할 수 있는 명언을 늘리고, 단순히 기억하는 것을 넘어 앞으로 나아가는데 중심이 되고 도움이 될 수 있는 명언을 마음에 품어 보세요.

필기체 쓰기

A A A A A A a a a a a a

B B B B B B b b b b b b

C C C C C C c c c c c c

D D D D D D d d d d d d

E E E E E E e e e e e e

F F F F F F f f f f f f

G G G G G G g g g g g g

H H H H H H h h h h h h

I I I I I I i i i i i i

J J J J J J j j j j j j

K K K K K K k k k k k k

L L L L L L l l l l l l

M M M M M M m m m m m m

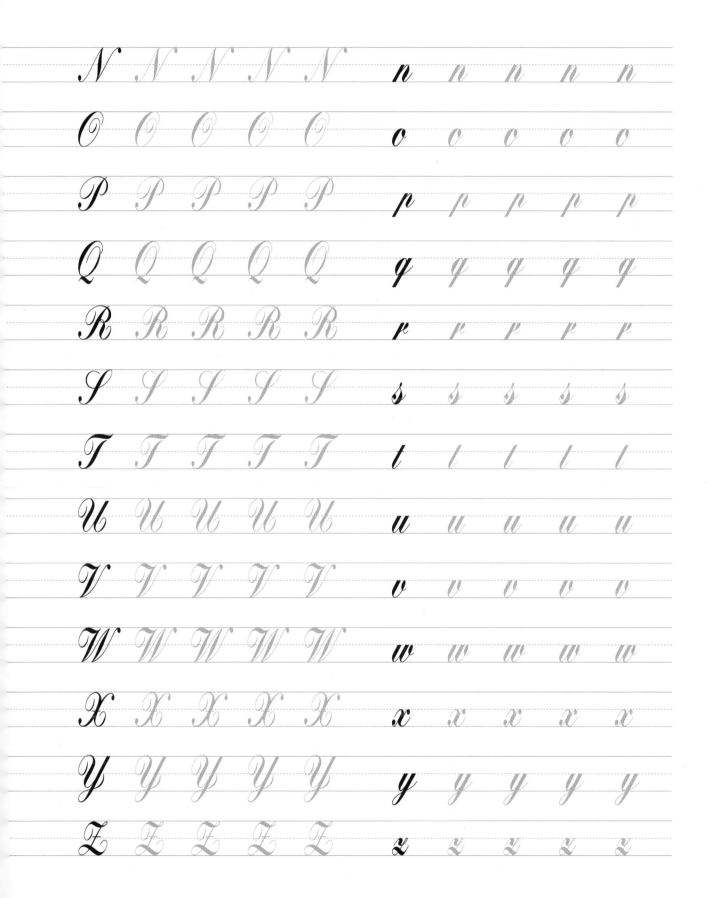

차례

 1장 가족

 2장 우정

차례

3장 행복과 희망

 4장 노력과 성공

Spare the rod and spoil the child.

✏ 매를 아끼면 아이를 망친다. -탈무드-

🍎 영어 따라 쓰기

Spare the rod and spoil the child.

 한글 의미 따라 쓰기

| | 매 | 를 | | 아 | 끼 | 면 | | 아 | 이 | 를 | | 망 |
| 친 | 다 | . | | | | | | | | | | |

	귀	한		자	식		매		한		대
더		때	리	고		미	운		자	식	떡	V
한		개		더		준	다	.			

우리 속담

• 설명 •

> 아이에게 당장 좋게만 해 주는 것이 오히려 해로울 수 있다는 뜻이에요.
> 적절한 상과 벌은 자식이 바르게 크길 바라는 부모님의 마음이랍니다.

 그림으로 이해하기

Spare the rod and spoil the child.

월 일

Family means no one gets
left behind or forgotten.

가족이란 어느 누구도 버려지거나 잊히지 않는 것이다. -애니메이션 '릴로 앤 스티치' 대사-

 영어 따라 쓰기

Family means no one gets left

behind or forgotten.

 한글 의미 따라 쓰기

가	족	이	란		어	느		누	구	도
버	려	지	거	나		잊	히	지		않	는
것	이	다	.							

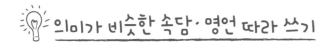

의미가 비슷한 속담·명언 따라 쓰기

열		손	가	락		깨	물	어		안	
아	픈		손	가	락		없	다	.		

우리 속담

• 설명 •

가족은 모두가 소중하고 귀한 존재예요.
특히 부모님이 자식을 생각하는 마음은 우리가 상상할 수 없을 정도로 크고 단단해요.

 그림으로 이해하기

Family means no one gets left behind or forgotten.

One father is more than a hundred schoolmasters.

✏️ 아버지 한 명이 스승 백 명보다 낫다. -조지 허버트-

 영어 따라 쓰기

One father is more than a hundred

schoolmasters.

🌷 한글 의미 따라 쓰기

아	버	지		한		명	이		스	승	
백		명	보	다		낫	다	.			

의미가 비슷한 속담 · 명언 따라 쓰기

	아	버	지	의		충	고	만	한		것	은	V
없	다	.											

서양 속담

• 설명 •

아버지는 자식을 키우면서 자식에 대해 속속들이 알게 되지요.
그렇기 때문에 아버지는 자신의 자식에게 가장 적절한 가르침을 줄 수 있어요.

 그림으로 이해하기

One father is more than a hundred schoolmasters.

A good home must be made, not bought.

좋은 집이란 구입하는 것이 아니라 만들어지는 것이어야 한다. -조이스 메이나드-

🍎 영어 따라 쓰기

A good home must be made,

not bought.

🌼 한글 의미 따라 쓰기

좋	은		집	이	란		구	입	하	는
것	이		아	니	라		만	들	어	지	는
것	이	어	야		한	다	.			

의미가 비슷한 속담·명언 따라 쓰기

| 집 | 안 | | 좁 | 은 | | 건 | | 살 | 아 | 도 |
| 마 | 음 | | 좁 | 은 | | 건 | | 못 | | 산 | 다 | . |

우리 속담

 • 설명 •

집이 좁은 건 참으면서 살 수 있지만, 가족끼리 속 좁게 굴면 결코 행복하지 못해요.
넓고 좋은 집보다 함께하는 가족이 화목해야 좋은 집이 되지요.

그림으로 이해하기

A good home must be made, not bought.

A happy family is but an earlier heaven.

행복한 가정은 미리 만나는 천국이다. -버나드 쇼-

월 일

 영어 따라 쓰기

A happy family is but an earlier

heaven.

 한글 의미 따라 쓰기

| 행 | 복 | 한 | | 가 | 정 | 은 | | 미 | 리 | | 만 |
| 나 | 는 | | 천 | 국 | 이 | 다 | . | | | | |

가	정	에	서		마	음	이		평	화	로
우	면		어	느		마	을	에		가	서	도	V
축	제	처	럼		즐	거	운		일	들	을
발	견	한	다	.							

인도 속담

• 설명 •

집에서 몸과 마음을 편히 할 수 있다면, 그것보다 행복한 일은 없을 거예요.
그 행복한 마음은 항상 자신을 건강하고 즐겁게 만들어 주니까요.

 그림으로 이해하기

A happy family is but an earlier heaven.

Not going home is already like death.

집으로 가지 않는 것은 이미 죽음이나 마찬가지다. -캐서린 도블러-

월   일

🍎 영어 따라 쓰기

Not going home is already like death.

🌷 한글 의미 따라 쓰기

집	으	로		가	지		않	는		것	은	V
이	미		죽	음	이	나		마	찬	가	지	다	.

의미가 비슷한 속담·명언 따라 쓰기

| 집 | | 떠 | 나 | 면 | | 고 | 생 | 이 | 다 | . | |

우리 속담

• 설명 •

> 집만큼 몸과 마음을 휴식할 수 있는 곳이 없지요.
> 집 밖에서 힘들고 고생스러운 일을 한 후 돌아갈 집이 있다는 건 참 행복한 거예요.

 그림으로 이해하기

Not going home is already like death.

월   일

Blood is thicker than water.

피는 물보다 진하다. -서양 속담-

🍎 영어 따라 쓰기

Blood is thicker than water.

 한글 의미 따라 쓰기

| | 피 | 는 | | 물 | 보 | 다 | | 진 | 하 | 다 | . | | |

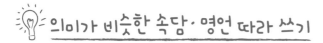

의미가 비슷한 속담·명언 따라 쓰기

| 팔 | 은 | | 안 | 으 | 로 | | 굽 | 는 | 다 | . | |

• 설명 •

가족은 서로 끈끈한 유대감이 있기 때문에 자신도 모르게 가족을 먼저 생각하게 돼요.
'피는 물보다 진하다'는 우리나라 속담에도 있는 말이랍니다.

 그림으로 이해하기

Blood is thicker than water.

월 일

We never know the love of a parent till
we become parents ourselves.

우리는 부모가 되기 전까지 절대 부모님의 사랑을 알지 못한다. -헨리 워드 비처-

 영어 따라 쓰기

We never know the love of a parent

till we become parents ourselves.

 한글 의미 따라 쓰기

우	리	는		부	모	가		되	기		전
까	지		절	대		부	모	님	의		사	랑
을		알	지		못	한	다	.			

| | 자 | 식 | 을 | | 키 | 워 | | 봐 | 야 | | 부 | 모 | V |
| | 사 | 랑 | 을 | | 안 | 다 | . | | | | | | |

우리 속담

• 설명 •

부모님의 사랑은 자식이 끝을 알 수 없을 만큼 넓고 깊어요.
아직 자식을 키우는 경험을 해 본 적 없는 친구들은 그 사랑을 모두 알 수 없을 거예요.

 그림으로 이해하기

We never know the love of a parent till
we become parents ourselves.

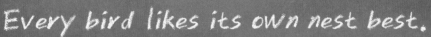

Every bird likes its own nest best.

모든 새는 자신의 둥지를 가장 좋아한다. -서양 속담-

🍎 영어 따라 쓰기

Every bird likes its own nest best.

🌷 한글 의미 따라 쓰기

	모	든		새	는		자	신	의		둥	지
를		가	장		좋	아	한	다	.			

의미가 비슷한 속담·명언 따라 쓰기

	아	무	리		화	려	한		궁	전	이	라
도		초	라	한		내		집	만		한	
곳	은		없	다	.							

토머스 페인

• 설명 •

대부분 새들은 스스로 둥지 틀 곳을 정하고, 직접 둥지를 만들어서 새끼를 낳아요.
작은 둥지라도 가족과 함께하는 공간은 화려한 궁전보다 편하고 좋은 게 당연하지요.

 그림으로 이해하기

Every bird likes its own nest best.

Family is not an important thing. It's everything.

가족은 중요한 것이 아니다. 그것은 모든 것이다. -마이클 J. 폭스-

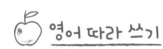 영어 따라 쓰기

Family is not an important thing.

It's everything.

 한글 의미 따라 쓰기

가	족	은		중	요	한		것	이		아
니	다	.		그	것	은		모	든		것	이
다	.										

가	정	이	란		어	떠	한		형	태	의	V
것	이	든		인	생	의		커	다	란		목
표	이	다	.							

J. G. 홀랜드

• 설명 •

우리는 가족에 대해 때때로 소홀해지는 경우가 있어요.
가족, 가정은 삶의 중심이라고 생각하고 잊지 않도록 해요.

 그림으로 이해하기

Quiz. 앞에서 배운 문장을 떠올리며 상황에 맞는 영어 명언을 적어 보세요.

① 부모님의 깊은 사랑을 이해하기란 쉽지 않아요. 우리가 직접 부모님의 입장이
   되기 전엔 알 수 없지요.

▶

② 우리는 근심 걱정 없이 행복하게 지낼 수 있는 곳을 천국이라고 해요.
   집을 천국에 비유한 명언은 무엇일까요?

▶

③ 항상 함께 있는 가족이기에 서로에게 소홀할 수 있어요. 좋은 집은 서로를 소중히
   여길 때 완성된답니다.

▶

④ 많은 동물들이 자신의 집을 직접 만들고 가꾸어요. 그렇기 때문에 가장 만족스러운
   집이 되지요.

▶

⑤ 집보다 편하게 쉬고, 맘 편히 지낼 곳이 있을까요? 돌아갈 집이 있다는 건
   참 행복한 일이에요.

▶

① We never know the love of a parent till we become parents ourselves.
② A happy family is but an earlier heaven.
③ A good home must be made, not bought.
④ Every bird likes its own nest best.
⑤ Not going home is already like death.

월 일

A friend in need is a friend indeed.

✎ 어려울 때 **친구가 진정한 친구이다.** -서양 속담-

🍎 영어 따라 쓰기

A friend in need is a friend indeed.

🌷 한글 의미 따라 쓰기

	어	려	울	때		친	구	가		진	정
한		친	구	이	다	.					

의미가 비슷한 속담·명언 따라 쓰기

불	행	은		진	정	한		우	정	을
시	험	한	다	.						

이솝 우화 중

• 설명 •

우리 곁에 있는 많은 친구 중 내가 고민이 있을 때 그 고민을 함께 나눌 친구는 얼마나 될까요?
내 고민과 힘듦을 나눌 수 있는 친구가 진짜 친구라는 말이에요.

 그림으로 이해하기

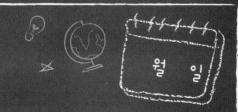

Better to be alone than in bad company.

나쁜 친구와 함께하는 것보다 혼자 있는 것이 낫다. -서양 속담-

영어 따라 쓰기

Better to be alone than in bad

company.

한글 의미 따라 쓰기

나	쁜		친	구	와		함	께	하	는	
것	보	다		혼	자		있	는		것	이
낫	다	.									

<u>의미가 비슷한 속담·명언 따라 쓰기</u>

| 새 | 도 | | 가 | 지 | 를 | | 가 | 려 | | 앉 | 는 |
| 다 | . | | | | | | | | | | |

우리 속담

● 설명 ●

> 나쁜 친구는 차라리 사귀지 않는 것이 나을 정도로 친구를 사귐에 있어 신중해야 한다는
> 뜻이에요.

 <u>그림으로 이해하기</u>

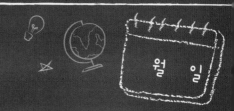

Birds of a feather flock together.

같은 깃털의 새는 함께 무리를 짓는다. -서양 속담-

영어 따라 쓰기

Birds of a feather flock together.

한글 의미 따라 쓰기

같	은		깃	털	의		새	는		함	께∨
무	리	를		짓	는	다	.				

의미가 비슷한 속담·명언 따라 쓰기

| 가 | 재 | 는 | | 게 | | 편 | 이 | 다 | . | | |

우리 속담

• 설명 •

친구를 보면 그 사람을 알 수 있듯이 어울리는 무리는 비슷한 친구들끼리 모이기 마련이에요.
함께하는 친구는 서로 영향을 주기 때문에 닮기도 하겠지요?

 그림으로 이해하기

Birds of a feather flock together.

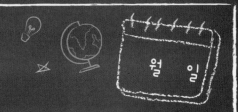

Old friend is better than two new ones.

✏️ 옛 친구 하나가 새로운 친구 둘보다 낫다. -서양속담-

🍎 <u>영어 따라 쓰기</u>

Old friend is better than two new

ones.

🌷 <u>한글 의미 따라 쓰기</u>

	옛		친	구		하	나	가		새	로	운	V
친	구		둘	보	다		낫	다	.				

	새		친	구	를		사	귀	어	라	,
그	러	나		옛		친	구	를		잊	지
마	라	.									

이스라엘 속담

 • 설명 •

어디서든 새로운 친구를 사귀기 마련이에요. 하지만 나와 마음을 터놓고 지내는 오랜 친구를 잊지는 마세요. 옛 친구는 언제나 훌륭한 쉼터니까요.

그림으로 이해하기

Lend your money and lose your friend.

✏ 돈을 빌려주면 친구를 잃는다. -쇼펜하우어-

🍎 영어 따라 쓰기

Lend your money and lose your

friend.

🌷 한글 의미 따라 쓰기

돈	을		빌	려	주	면		친	구	를
잃	는	다	.							

의미가 비슷한 속담·명언 따라 쓰기

| | 돈 | | 거 | 래 | 가 | | 없 | 으 | 면 | | 우 | 정 |
| 은 | | 오 | 래 | | 간 | 다 | . | | | | | |

서양 속담

 설명 ·

> 돈을 주고받는 일은 무척이나 계산적으로 하게 되지요.
> 그렇기 때문에 친한 사이에 돈 거래를 하게 되면 마음 상하는 일이 생기기 마련이에요.

🖌 그림으로 이해하기

Lend your money and lose your friend.

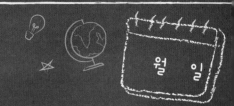

Evil communication corrupt good manners.

✏️ 사악한 자와의 친교는 행실을 망친다. -성서 '고린도 전서' 중-

🍎 영어 따라 쓰기

Evil communication corrupt good

manners.

🌷 한글 의미 따라 쓰기

사	악	한		자	와	의		친	교	는	
행	실	을		망	친	다	.				

의미가 비슷한 속담·명언 따라 쓰기

| 죄 | | 지은 | | 놈 | | 옆에 | | 있다 |
| 가 | | 벼락 | | 맞는다. | | | | |

우리 속담

• 설명 •

행실이 나쁜 사람과 함께 어울리면 아무 죄가 없는데도 벌을 받거나 누명을 쓸 수 있어요.
친구를 사귈 땐 신중하게 해야 한다는 의미예요.

 그림으로 이해하기

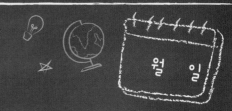

Friendship is love without wings.

우정은 날개 없는 사랑이다. -바이런-

영어 따라 쓰기

Friendship is love without wings.

한글 의미 따라 쓰기

	우	정	은		날	개		없	는		사	랑
이	다	.										

의미가 비슷한 속담·명언 따라 쓰기

| 친 | 구 | 란 | | 두 | | 개 | 의 | | 몸 | 에 |
| 깃 | 든 | | 하 | 나 | 의 | | 영 | 혼 | 이 | 다 | . |

아리스토텔레스

• 설명 •

진정한 친구는 나만큼 나를 이해해 주고 내게 힘든 일이 있더라도 떠나지 않고 곁을 지켜준답니다. 이런 친구를 만나고 사귄다는 건 쉬운 일은 아니겠지요?

 그림으로 이해하기

Friendship is love without wings.

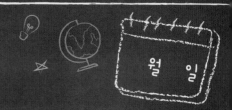

Friends double joy and reduce sorrow in half.

친구는 기쁨을 배로 만들고 슬픔을 반으로 줄인다. -실러-

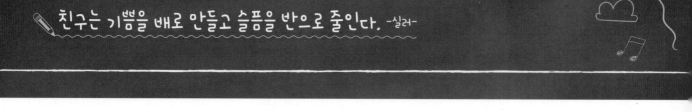

🍎 영어 따라 쓰기

Friends double joy and reduce

sorrow in half.

🌷 한글 의미 따라 쓰기

	친	구	는		기	쁨	을		배	로		만
들	고			슬	픔	을		반	으	로		줄	인
다	.												

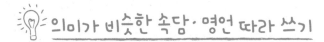

의미가 비슷한 속담·명언 따라 쓰기

기	쁨	을		나	누	면		두		배	가	V
되	고	,			슬	픔	을		나	누	면		절
반	이		된	다	.							

스웨덴 속담

• 설명 •

친구에게 기쁜 일이 있을 땐 함께 기뻐하고, 슬픈 일이 있을 땐 함께 슬퍼해 주세요.
친구도 나도 두 배로 행복해지거나 큰 위로가 될 거예요.

 그림으로 이해하기

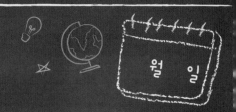

Be slow in choosing a friend, slower in changing.

친구를 고르는 데는 천천히, 친구를 바꾸는 데는 더 천천히. -벤자민 프랭클린-

🍎 영어 따라 쓰기

Be slow in choosing a friend,

slower in changing.

🌷 한글 의미 따라 쓰기

	친	구	를		고	르	는		데	는		천
천	히	,			친	구	를		바	꾸	는		데
는		더		천	천	히	.						

의미가 비슷한 속담·명언 따라 쓰기

	친	구		하	나	를		일		년		안
에		만	들	기	는		힘	들	지	만	,	
한		시	간	에		잃	을		수	는		있
다	.											

중국 속담

• 설명 •

마음이 잘 맞는 진정한 친구를 사귀기는 생각보다 쉽지 않아요.
한 번 친구가 된 후에는 더 배려하고 소중히 여겨야 해요.

그림으로 이해하기

Be slow in choosing a friend, slower in changing.

Prosperity makes friends,
adversity tries them.
성공은 친구를 만들고, 역경은 친구를 시험한다. -퍼블릴리어스 사이러스-

 영어 따라 쓰기

Prosperity makes friends, adversity

tries them.

 한글 의미 따라 쓰기

| 성 | 공 | 은 | | 친 | 구 | 를 | | 만 | 들 | 고 | , | V |
| 역 | 경 | 은 | | 친 | 구 | 를 | | 시 | 험 | 한 | 다 | . |

의미가 비슷한 속담·명언 따라 쓰기

	황	금	은		대	개		뜨	거	운		불
속	에	서		시	험	되	고	,		우	정	은	V
대	개		역	경		속	에	서		시	험	된	
다	.												

에난드로스

• 설명 •

성공한 사람 주변에는 친구가 쉽게 모여 들지요.
하지만 그중에 힘들고 어려운 순간을 함께해 줄 친구는 몇이나 될까요?

🖌 그림으로 이해하기

Prosperity makes friends, adversity tries them.

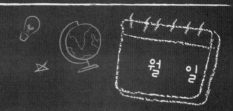

Familiar paths and old friends are the best.

익숙한 길과 오래된 친구가 가장 좋다. -서양 속담-

 영어 따라 쓰기

Familiar paths and old friends are

the best.

 한글 의미 따라 쓰기

	익	숙	한		길	과		오	래	된		친
구	가			가	장		좋	다	.			

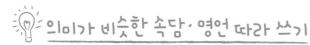
| 친 | 구 | 는 | | 옛 | | 친 | 구 | 가 | | 좋 | 고 | V |
| 옷 | 은 | | 새 | | 옷 | 이 | | 좋 | 다 | . | | |

우리 속담

· 설명 ·

처음 가 본 길에서 길을 헤매본 적이 있나요? 그래서 우리는 낯선 길보다 익숙한 길을
따라가길 좋아해요. 익숙한 길처럼 오래된 친구는 가장 좋고 편안하답니다.

그림으로 이해하기

Familiar paths and old friends are the best.

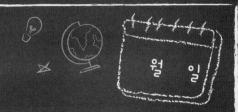

A man is known by the company he keeps.

사람은 어울리는 친구를 보면 그 사람을 알 수 있다. -서양 속담-

🍎 영어 따라 쓰기

A man is known by the company

he keeps.

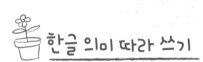 한글 의미 따라 쓰기

	사	람	은		어	울	리	는		친	구	를	V
보	면		그		사	람	을		알			수	
있	다	.											

사	람	을		만	드	는		것	도		망
치	는		것	도		친	구	다	.		

서양 속담

• 설명 •

가깝게 지내는 친구와는 자신도 모르게 닮아가요. 친구는 비슷한 사람이 만나기도 하지만
전혀 다른 사람이 서로 영향을 주며 닮아가기도 한답니다.

 그림으로 이해하기

A man is known by the company he keeps.

Do not lose your friend for your jest.

✎ 농담하다 친구를 잃지 마라. -서양 속담-

🍎 <u>영어 따라 쓰기</u>

Do not lose your friend for your jest.

🌼 <u>한글 의미 따라 쓰기</u>

| 농 | 담 | 하 | 다 | | 친 | 구 | 를 | | 잃 | 지 |
| 마 | 라 | . | | | | | | | | |

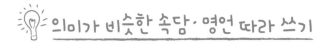 의미가 비슷한 속담·명언 따라 쓰기

친	구	를		사	귐	에		있	어	서	는	V
친	하	더	라	도		결	코		분	수	를	
넘	지		마	라	.							

윌리엄 셰익스피어

• 설명 •

가까운 친구 사이라고 해도 지나친 농담이나 장난은 친구를 속상하게 만들 수 있어요.
정도를 지켜야 친구도 지킬 수 있지요.

 그림으로 이해하기

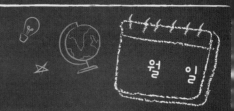

The ornament of a house is the friends
who frequent it.

집을 가장 아름답게 꾸며주는 것은 자주 찾아오는 친구들이다. -랄프 왈도 에머슨-

 영어 따라 쓰기

The ornament of a house is

the friends who frequent it.

🌼 한글 의미 따라 쓰기

	집	을		가	장		아	름	답	게		꾸
며	주	는		것	은		자	주		찾	아	오
는		친	구	들	이	다	.					

💡 의미가 비슷한 속담·명언 따라 쓰기

친	구		집	에		자	주		가	라	.	V
가	지		않	는		길	에	는		잡	초	가	V
곧		우	거	진	다	.						

스칸디나비아 속담

• 설명 •

나를 찾아주는 친구가 있다는 건 참 행복한 일이에요.
여기서 집이 뜻하는 것은 정말로 우뚝 서 있는 집이 아니라 마음을 뜻하는 거랍니다.

🖌 그림으로 이해하기

The ornament of a house is the friends who frequent it.

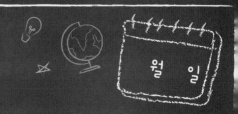

They are rich who have true friends.

진정한 친구가 있는 사람이야말로 부자다. -토마스 풀러-

영어 따라 쓰기

They are rich who have true friends.

한글 의미 따라 쓰기

| 진 | 정 | 한 | | 친 | 구 | 가 | | 있 | 는 | | 사 |
| 람 | 이 | 야 | 말 | 로 | | 부 | 자 | 다 | . | | |

의미가 비슷한 속담·명언 따라 쓰기

| 진 | 정 | 한 | | 친 | 구 | 는 | | 가 | 장 | | 소 |
| 중 | 한 | | 보 | 물 | 이 | 다 | . | | | | |

벤자민 프랭클린

· 설명 ·

친구가 많다고 해도 '진정한' 친구는 많지 않아요.
마음을 터놓고 지낼 수 있는 친구는 쉽게 사귈 수 없기에 무엇보다 가치 있는 보물이지요.

 그림으로 이해하기

They are rich who have true friends.

Quiz. 앞에서 배운 문장을 떠올리며 상황에 맞는 영어 명언을 적어 보세요.

① 친구를 사귈 때 자신도 모르게 닮은 친구와 가까워지기 마련이지요.

▶

② 친구 사이에도 지켜야 하는 정도가 있어요. 지나친 장난을 치는 친구에게 할 수 있는 명언이에요.

▶

③ 행실이 바르지 못한 친구는 곁에 두지 않는 편이 더 좋아요. 차라리 혼자인 것이 낫답니다.

▶

④ 친구가 몇 명 있는지는 중요하지 않아요. 단 한 명이라도 진심을 다할 수 있는 친구가 있어야 마음이 풍요롭지요.

▶

⑤ 많은 친구를 만나고 싶다면 성공을 하면 되지만, 진정한 친구는 성공으로 알 수 없어요.

▶

⑥ 좋은 일과 안 좋은 일을 모두 친구와 함께해 보세요.

▶

⑦ 올바르게 가고 있는지 걱정하며 걷는 길이 아닌 편하게 쉬며 거닐 수 있는 길과 같은 친구를 뜻하는 명언이에요.

▶

① Birds of a feather flock together. ② Do not lose your friend for your jest.
③ Better to be alone than in bad company. ④ They are rich who have true friends.
⑤ Prosperity makes friends, adversity tries them. ⑥ Friends double joy and reduce sorrow in half.
⑦ Familiar paths and old friends are the best.

3장
행복과
희망

Tomorrow is a new day.

월   일

내일은 새로운 날이다. -서양 속담-

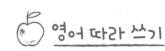 영어 따라 쓰기

Tomorrow is a new day.

 한글 의미 따라 쓰기

내 일 은   새 로 운   날 이 다 .

| 내 | 일 | 은 | | 내 | 일 | 의 | | 해 | 가 | | 뜬 |
| 다 | . | | | | | | | | | | |

우리 속담

• 설명 •

하루가 저물고 다음 날이 되면 어제의 해가 아닌 새로운 오늘의 해가 뜨지요.
힘들고 어두운 날이 지나면 좋은 날이 올 거라는 희망을 뜻합니다.

🖌 그림으로 이해하기

월 일

While there is life, there is hope.

✏️ 살아있는 한 희망도 있다. -키케로-

 영어 따라 쓰기

While there is life, there is hope.

 한글 의미 따라 쓰기

살	아	있	는		한		희	망	도		있
다	.										

의미가 비슷한 속담·명언 따라 쓰기

| 개 | 똥 | 밭 | 에 | | 굴 | 러 | 도 | | 이 | 승 | 이 | V |
| 좋 | 다 | . | | | | | | | | | | |

우리 속담

• 설명 •

아무리 고생스럽고 어렵게 살더라도 죽는 것보다는 낫다는 말이에요.
지금 당장 힘들다 해도 삶을 포기하지 않으면 희망이 있다는 뜻이기도 합니다.

 그림으로 이해하기

월   일

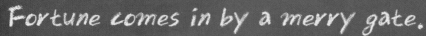
Fortune comes in by a merry gate.

행운은 즐거운 대문으로 들어온다. -서양 속담-

영어 따라 쓰기

Fortune comes in by a merry gate.

한글 의미 따라 쓰기

| | 행 | 운 | 은 | | 즐 | 거 | 운 | | 대 | 문 | 으 | 로 | V |
| 들 | 어 | 온 | 다 | . | | | | | | | | | |

| 웃 | 는 | | 집 | 에 | | 복 | 이 | | 있 | 다 | . |

우리 속담

• 설명 •

집안이 늘 화목하여 웃음이 끊이지 않는 집에는 행복이 찾아들기 마련이에요.
가족의 행복은 언제나 좋은 일만 생기게 해 준답니다.

 그림으로 이해하기

Fortune comes in by a merry gate.

월 일

Great hopes make great man.

✏ 큰 희망이 큰 사람을 만든다. -토마스 풀러-

 영어 따라 쓰기

Great hopes make great man.

 한글 의미 따라 쓰기

큰		희	망	이		큰		사	람	을
만	든	다	.							

의미가 비슷한 속담 · 명언 따라 쓰기

| 이 | 상 | 은 | | 보 | 다 | | 나 | 은 | | 자 | 아 |
| 이 | 다 | . | | | | | | | | | |

서양 속담

 · 설명 ·

여기에서 희망은 큰 목표, 이상을 뜻해요.
원하는 바가 크고, 그것을 향하는 긍정적인 마음은 스스로를 강하게 성장시킬 수 있습니다.

🖌 그림으로 이해하기

월 일

Hope is the bread of the poor man.

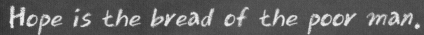

희망은 가난한 인간의 빵이다. -탈레스-

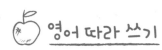 영어 따라 쓰기

Hope is the bread of the poor man.

 한글 의미 따라 쓰기

| 희 | 망 | 은 | | 가 | 난 | 한 | | 인 | 간 | 의 | |
| 빵 | 이 | 다 | . | | | | | | | | |

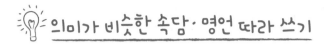

의미가 비슷한 속담·명언 따라 쓰기

| 생 | 명 | 이 | | 존 | 재 | 하 | 는 | | 한 | | 희 |
| 망 | 은 | | 늘 | | 함 | 께 | | 있 | 다 | . | |

세르반데스

• 설명 •

배고프고 지친 사람에게 작은 빵 한 조각은 다시 힘을 낼 수 있는 바탕이 되어 줍니다.
힘들고 어려운 상황에서도 희망을 품고 있으면 역경을 헤쳐나갈 바탕이 되어 줄 거예요.

 그림으로 이해하기

Hope is the bread of the poor man.

희망

If you can dream it, you can do it.

꿈꿀 수 있다면 할 수 있다. -월트 디즈니-

월   일

 영어 따라 쓰기

If you can dream it, you can do it.

 한글 의미 따라 쓰기

| | 꿈 | 꿀 | | 수 | | 있 | 다 | 면 | | 할 | | 수 | V |
| 있 | 다 | . | | | | | | | | | | | |

꿈	은		사	람	이		깨	어		있	을	V
때		원	하	던		것	을		준	다	.	

독일 속담

• 설명 •

원하는 바를 끊임없이 생각하고 꿈꾼다면 다가가고 이룰 수 있다는 뜻이에요.
하지만 머릿속으로만 꿈을 꾼다면 이루기 힘들겠지요?

 그림으로 이해하기

Hope is necessary in every condition.

월 일

✏️ 희망은 어떤 환경에서도 필요하다. -새뮤얼 존슨-

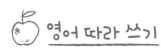 영어 따라 쓰기

Hope is necessary in every condition.

 한글 의미 따라 쓰기

| 희 | 망 | 은 | | 어 | 떤 | | 환 | 경 | 에 | 서 | 도 | V |
| 필 | 요 | 하 | 다 | . | | | | | | | | |

의미가 비슷한 속담·명언 따라 쓰기

| 하 | 늘 | 이 | | 무 | 너 | 져 | 도 | | 솟 | 아 | 날 | V |
| 구 | 멍 | 이 | | 있 | 다 | . | | | | | | |

우리 속담

• 설명 •

> 아무리 어려운 경우에 처하더라도 희망이 있어야 해요.
> 희망이 있으면 문제를 헤쳐 나갈 방도가 생긴답니다.

 그림으로 이해하기

Hope is necessary in every condition.

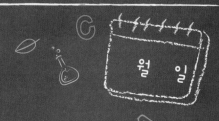

He who has never hoped can never despair.

희망을 품지 않는 사람은 절망할 수도 없다. - 조지 버나드 쇼-

 영어 따라 쓰기

He who has never hoped can never

despair.

 한글 의미 따라 쓰기

	희	망	을		품	지		않	는		사	람
은		절	망	할		수	도		없	다	.	

의미가 비슷한 속담·명언 따라 쓰기

	희	망	과		긍	정	적		사	고		없
이	는		아	무	것	도		이	룰		수	
없	다	.										

헬렌 켈러

• 설명 •

꿈꾸지 않으면 이룰 수 없고, 원하지 않으면 가질 수 없듯이 희망이 없으면 절망할 일도
없지요. 하지만 실패와 절망이 두렵다고 꿈꾸지 않는 건 어리석은 일이에요.

 그림으로 이해하기

Most people are about as happy as
they make up their minds to be.

대부분의 사람은 마음먹은 만큼 행복하다. -에이브러햄 링컨-

 영어 따라 쓰기

Most people are about as happy as

they make up their minds to be.

한글 의미 따라 쓰기

| 대 | 부 | 분 | 의 | | 사 | 람 | 은 | | 마 | 음 | 먹 |
| 은 | | 만 | 큼 | | 행 | 복 | 하 | 다 | . | | |

84 영어 명언 따라 쓰기

<u>의미가 비슷한 속담·명언 따라 쓰기</u>

스	스	로		행	복	하	다	고		생	각
하	지		않	는		사	람	은		행	복	하
지		않	다	.							

퍼블릴리어스 사이러스

• 설명 •

행복의 기준은 누가 정해 놓지 않았어요. <u>스스로</u> 기준을 정하는 것이지요.
작은 것에도 행복을 느낄 수 있다면 언제 어디서든 행복하게 지낼 수 있어요.

 <u>그림으로 이해하기</u>

Most people are about as happy as
they make up their minds to be.

월 일

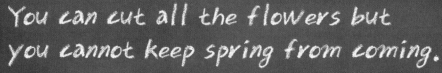
You can cut all the flowers but
you cannot keep spring from coming.
꽃을 모두 꺾을 수는 있어도 봄이 오는 것을 막을 수 없다. -파블로 네루다-

 영어 따라 쓰기

You can cut all the flowers but you

cannot keep spring from coming.

 한글 의미 따라 쓰기

꽃을		모두		꺾을		수는	
있어도		봄이		오는		것을	
막을		수		없다.			

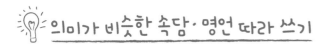
| 닭 | 의 | | 목 | 을 | | 비 | 틀 | 어 | 도 | | 새 |
| 벽 | 은 | | 온 | 다 | . | | | | | | |

이양우의 시 중에서

· 설명 ·

꽁꽁 얼었던 굳은 땅에서 피어난 꽃은 희망의 상징과 같아요.
눈에 보이는 희망을 꺾는다고 해도 마음 깊은 곳에 있는 희망까지 무너뜨릴 수는 없지요.

그림으로 이해하기

You can cut all the flowers but
you cannot keep spring from coming.

부록 3

Quiz. 앞에서 배운 문장을 떠올리며 상황에 맞는 영어 명언을 적어 보세요.

❶ 하루가 너무 힘들었나요? 하지만 새로운 내일이 있다는 것을 잊지 마세요.

▶ ....

❷ 행복의 크기를 정할 수 있다면 얼마나 큰 행복을 느끼는지 생각해 볼 수 있는
   명언이에요.

▶ ....

❸ 쉽게 이룰 수 있는 작은 희망도 소중하지만 더 큰 희망을 가져 보세요.

▶ ....

❹ 무엇이듯 원하는 것을 구체적으로 꿈을 꾼다면 이룰 수 있어요.

▶ ....

❺ 웃는 얼굴에는 복이 따라오기 마련이에요. 비슷한 명언을 떠올려 보세요.

▶ ....

① Tomorrow is a new day.
② Most people are about as happy as they make up their minds to be.
③ Great hopes make great man.
④ If you can dream it, you can do it.
⑤ Fortune comes in by a merry gate.

Practice makes perfect.

연습이 완벽을 만든다. -서양 속담-

🍎 영어 따라 쓰기

Practice makes perfect.

 한글 의미 따라 쓰기

연습이 완벽을 만든다.

<u>의미가 비슷한 속담·명언 따라 쓰기</u>

나	는		젊	었	을		때		10	번
시	도	하	면		9	번		실	패	했	다	.
그	래	서		10	번	씩		했	다	.

조지 버나드 쇼

• 설명 •

처음부터 잘하는 것은 없어요. 조금 빨리 익히고 더디게 익히는 것뿐이지요.
대신 반복적인 연습은 꼭 필요하다는 뜻입니다.

 <u>그림으로 이해하기</u>

Practice makes perfect.

A little learning is a dangerous thing.

얕은 지식은 위험하다. -서양 속담-

 영어 따라 쓰기

A little learning is a dangerous thing.

 한글 의미 따라 쓰기

얕	은		지	식	은		위	험	하	다	.

선	무	당	이		사	람		잡	는	다	.

우리 속담

 · 설명 ·

> 어설픈 지식은 오히려 좋지 않은 결과를 가져올 수 있다는 말이에요.
> 서투른 능력을 믿고 함부로 나서면 큰일을 저지르게 됨을 뜻하지요.

🖌 그림으로 이해하기

A little learning is a dangerous thing.

지식   32+20=55

Knowledge is power.

아는 것이 힘이다. -프랜시스 베이컨-

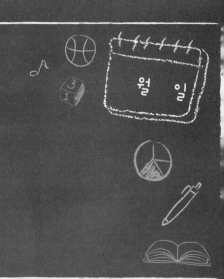

월   일

 영어 따라 쓰기

Knowledge is power.

🌸 한글 의미 따라 쓰기

아	는		것	이		힘	이	다	.		

| 알 | 아 | 야 | | 면 | 장 | 을 | | 한 | 다 | . |

우리 속담

• 설명 •

프랜시스 베이컨은 지식을 획득함으로써 생활이 개선된다고 여겼어요.
아는 것이 있어야 그 힘으로 앞으로 나아갈 수 있음을 의미한답니다.

 그림으로 이해하기

Everything comes to him who hustles while he waits.

성공은 열심히 노력하며 기다리는 사람에게 찾아온다. -토마스 에디슨-

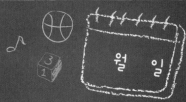

월   일

 영어 따라 쓰기

Everything comes to him who

hustles while he waits.

한글 의미 따라 쓰기

성	공	은		열	심	히		노	력	하	며	V
기	다	리	는		사	람	에	게		찾	아	온
다	.											

열	번	갈	아	서		안		드	는 V
도	끼	가		없	다.				

우리 속담

• 설명 •

> 기다림과 노력 없이는 성공할 수 없어요.
> 꾸준히 노력하다보면 이루고자 하는 바가 점점 가까워지기 마련이에요.

 그림으로 이해하기

Everything comes to him who hustles
while he waits.

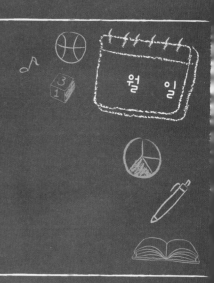

Strike while the iron is hot.

✏️ 쇠는 달았을 때 두드려라. -서양속담-

🍎 영어 따라 쓰기

Strike while the iron is hot.

🌷 한글 의미 따라 쓰기

쇠	는		달	았	을		때		두	드	려
라	.										

쇠	뿔	도		단	김	에		빼	라	.	

우리 속담

 • 설명 •

쇠가 달아있는 순간은 그리 길지 않아요. 쇠가 달아있을 때 두드려서 원하는 모양을
만들어야 하듯이 기회가 있을 때 놓치지 말아야 해요.

그림으로 이해하기

Strike while the iron is hot.

Many a little makes a mickle.

조금씩 많이 하면 커다란 걸 만든다. -서양 속담-

🍎 영어 따라 쓰기

Many a little makes a mickle.

🌷 한글 의미 따라 쓰기

| 조 | 금 | 씩 | | 많 | 이 | | 하 | 면 | | 커 | 다 |
| 란 | | 걸 | | 만 | 든 | 다 | . | | | | |

티	끌		모	아		태	산	.			

우리 속담

 설명

작은 먼지도 모이고 쌓이면 큰 덩어리가 되어 굴러다녀요.
꾸준히 하는 노력은 결국 커다란 결과로 돌아온답니다.

그림으로 이해하기

Many a little makes a mickle.

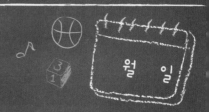

월   일

You never know what you can do till you try.

시도하지 않으면 무엇을 할 수 있는지 알 수 없다. -서양 속담-

 영어 따라 쓰기

You never know what you can do
till you try.

 한글 의미 따라 쓰기

시	도	하	지	않	으	면	무	엇	을	V
할	수	있	는	지	알	수	없
다	.

 의미가 비슷한 속담·명언 따라 쓰기

| 호 | 랑 | 이 | | 굴 | 에 | | 가 | 야 | | 호 | 랑 |
| 이 | | 새 | 끼 | 를 | | 잡 | 는 | 다 | . | | |

우리 속담

• 설명 •

원하는 것이 있다면 그에 마땅한 일을 시도해야 해요.
원하는 것이 무엇인지 모를 땐 무엇이든 시도를 해 보세요. 그러면 그 다음이 보일 거예요.

 그림으로 이해하기

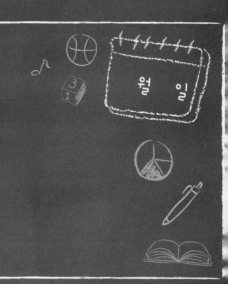

As you sow, so shall you reap.

뿌린 대로 거둘 것이다. -서양 속담-

영어 따라 쓰기

As you sow, so shall you reap.

 한글 의미 따라 쓰기

| 뿌 | 린 | | 대 | 로 | | 거 | 둘 | | 것 | 이 | 다 |.

의미가 비슷한 속담·명언 따라 쓰기

| 씨 | 를 | | 뿌 | 리 | 면 | | 거 | 두 | 게 | | 마 |
| 련 | 이 | 다 | . | | | | | | | | |

우리 속담

• 설명 •

노력한 보람이나 결과는 반드시 나타난다는 말이에요.
그 결과는 노력에 따라 달라지겠지요?

🖌 그림으로 이해하기

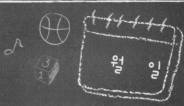

A bad workman quarrels with his tools.

서투른 목수는 연장을 탓한다. -서양 속담-

 영어 따라 쓰기

A bad workman quarrels with his

tools.

🌸 한글 의미 따라 쓰기

| 서 | 투 | 른 | | 목 | 수 | 는 | | 연 | 장 | 을 |
| 탓 | 한 | 다 | . | | | | | | | |

의미가 비슷한 속담·영언 따라 쓰기

| | 선 | 무 | 당 | 이 | | 장 | 구 | 만 | | 나 | 무 | 란 |
| 다 | . | | | | | | | | | | | |

우리 속담

• 설영 •

자신의 기술이나 능력이 부족하다는 생각을 하지 않고 주변 환경이나 조건만 따지고 있으면 앞으로 나아갈 수 없어요.

 그림으로 이해하기

A bad workman quarrels with his tools.

He who would climb the ladder,
must begin at the bottom.

사다리를 오르려는 사람은 반드시 아래부터 시작해야 한다. -서양 속담-

 영어 따라 쓰기

He who would climb the ladder,

must begin at the bottom.

 한글 의미 따라 쓰기

사	다	리	를		오	르	려	는		사	람
은		반	드	시		아	래	부	터		시	작
해	야		한	다	.						

 의미가 비슷한 속담·명언 따라 쓰기

| 천 | 리 | | 길 | 도 | | 한 | | 걸 | 음 | 부 |
| 터 | . | | | | | | | | | |

우리 속담

• 설명 •

시작하지 않으면 결과를 얻을 수 없어요. 끝이 보이지 않을 정도로 먼 미래의 일이라도
첫 걸음이 반드시 필요하기 마련이지요.

 그림으로 이해하기

He who would climb the ladder,
must begin at the bottom.

Diligence is the mother of good fortune.

근면은 행운의 어머니이다. -서양 속담-

 영어 따라 쓰기

Diligence is the mother of good

fortune.

 한글 의미 따라 쓰기

근	면	은		행	운	의		어	머	니	이
다	.										

| 구 | 슬 | 이 | | 서 | | 말 | 이 | 라 | 도 | | 꿰 |
| 어 | 야 | | 보 | 배 | 라 | . | | | | | |

우리 속담

• 설명 •

행운은 노력하는 사람에게 찾아와요. 꾸준히 성실하게 자신의 일을 해내고 있다면,
그 보상은 반드시 행운처럼 돌아옵니다.

 그림으로 이해하기

Diligence is the mother of good fortune.

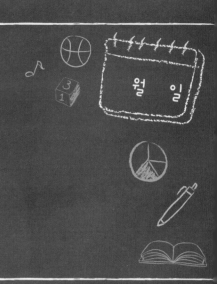

월 일

Rome was not built in day.

✏️ 로마는 하루에 이루어지지 않았다. -세르반테스-

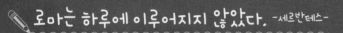

🍎 영어 따라 쓰기

Rome was not built in day.

🌷 한글 의미 따라 쓰기

| 로 | 마 | 는 | | 하 | 루 | 에 | | 이 | 루 | 어 | 지 |
| 지 | | 않 | 았 | 다 | . | | | | | | |

의미가 비슷한 속담·명언 따라 쓰기

산	을		옮	기	는		사	람	은		작
은		돌	을		나	르	는		것	으	로
시	작	한	다	.							

서양 속담

• 설명 •

로마는 오랜 시간과 많은 역경을 겪고 현재 이탈리아의 수도이자 문화의 중심지로 자리
잡았어요. 좋은 결과는 짧은 시간에 이루어지지 않는다는 말이지요.

 그림으로 이해하기

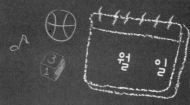

Heaven helps those who help themselves.

하늘은 스스로 돕는 자를 돕는다. -사무엘 스마일즈-

 영어 따라 쓰기

Heaven helps those who help
themselves.

 한글 의미 따라 쓰기

하	늘	은		스	스	로		돕	는		자
를		돕	는	다	.						

너		자	신	을		도	와	라	.		그
러	면		하	늘	이		너	를		도	우	리
라	.										

서양 속담

• 설명 •

> 우리나라도 이 문장과 똑같은 속담이 있어요.
> 나라는 달라도 스스로 노력하는 사람은 결국 성공하게 된다는 것은 같아요.

 그림으로 이해하기

Heaven helps those who help themselves.

4장
노력과
희망

A rolling stone gathers no moss.

✏ 구르는 돌에는 이끼가 끼지 않는다. -서양 속담-

 영어 따라 쓰기

A rolling stone gathers no moss.

 한글 의미 따라 쓰기

구르는 돌에는 이끼가
끼지 않는다.

의미가 비슷한 속담·명언 따라 쓰기

흐	르	는		물	은		썩	지		않	는
다	.										

우리 속담

• 설명 •

> 이리 저리 움직이지 않는 돌은 이끼가 끼게 돼요.
> 끊임없이 움직이고 노력하는 사람은 한 곳에 머무르지 않고 앞으로 나아갈 수 있어요.

 그림으로 이해하기

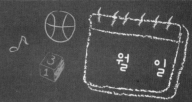

Victory belongs to the most persevering.

✎ 승리는 가장 끈기 있는 사람에게 돌아간다. -나폴레옹-

 영어 따라 쓰기

Victory belongs to the most

persevering.

 한글 의미 따라 쓰기

| 승 | 리 | 는 | | 가 | 장 | | 끈 | 기 | | 있 | 는 | V |
| 사 | 람 | 에 | 게 | | 돌 | 아 | 간 | 다 | . | | | |

| | 인 | 내 | 와 | | 근 | 면 | 은 | | 산 | 을 | | 옮 |
| 긴 | 다 | . | | | | | | | | | | |

서양 속담

• 설명 •

성공을 하기 위해서 가장 중요한 것은 참아내고 노력하는 끈기라는 뜻이에요.
포기하지 않고 노력하면 좋은 결과가 있을 거예요.

그림으로 이해하기

Victory belongs to the most persevering.

부록 4

Quiz. 앞에서 배운 문장을 떠올리며 상황에 맞는 영어 명언을 적어 보세요.

① 목표가 생겼다면, 첫 걸음을 시작해야 해요. 아무리 먼 길도 시작이 있어야
   갈 수 있지요.

▶ _____

② 많은 사람들이 좌절을 경험해요. 좌절 속에서 포기하지 않는다면 좋은 결과를
   얻을 수 있어요.

▶ _____

③ 좋은 연필, 나쁜 연필은 없어요. 연필을 사용하는 사람이 중요하답니다.

▶ _____

④ 삶에 있어서 기회와 타이밍은 중요해요. 이 말을 대신할 수 있는 명언은 무엇일까요?

▶ _____

⑤ 몸과 마음은 한 곳에 멈춰 있다 보면 점점 굳어가기 마련이에요.
   멈추지 말고 움직이세요.

▶ _____

⑥ 모든 행동에는 결과가 따라옵니다. 적절한 명언을 떠올려 보세요.

▶ _____

⑦ '운이 좋다'는 말이 있어요. 하지만 운은 노력하지 않는 사람에게 오지 않아요.

▶ _____

① He who would climb the ladder, must begin at the bottom.
② Victory belongs to the most persevering.
③ A bad workman quarrels with his tools.
④ Strike while the iron is hot. ⑤ A rolling stone gathers no moss.
⑥ As you sow, so shall you reap. ⑦ Heaven helps those who help themselves.

120

그린이 배진영

대학에서 서양화를 전공하였습니다. 아이들의 이야기를 그려내는 다수의 삽화를 그렸고 개인전, 단체전 등 다수의 전시를 하였습니다.

따라 쓰면 알게 되는 시리즈 3권

영어 명언 따라 쓰기

2019년 10월 1일 1판 1쇄 펴냄

엮음	편집부
그림	배진영

펴낸이	박인수
펴낸곳	주니어단디
주소	경기 파주시 탄현면 사슴벌레로 45
편집	조지훈
디자인	전지혜

등록	제406-2016-000041호(2016.3.21.)
전화	031-941-2480
팩스	031-905-9787
이메일	dandibook@hanmail.net
홈페이지	dandibook.com

ISBN	979-11-89366-06-3
	979-11-89366-00-1 (세트)

KC **모델명** | 따라 쓰면 알게 되는 시리즈 3권 영어 명언 따라 쓰기 **제조년월** | 2019. 10. 01. **제조자명** | 주니어단디 **제조국명** | 대한민국
주소 | 경기 파주시 탄현면 사슴벌레로 45 **전화번호** | 031-941-2480 **사용연령** | 7세 이상